Novena

SANTA MUERTE

Por Laila Pita

© Calli Casa Editorial, 2012
Yhacar Trust, 2021
Todos los derechos registrados. Prohibida la reproducción total o parcial de esta obra en todo su contenido: texto, dibujos, ideas e ilustraciones de portada, sin autorización por escrito.

#2500-784

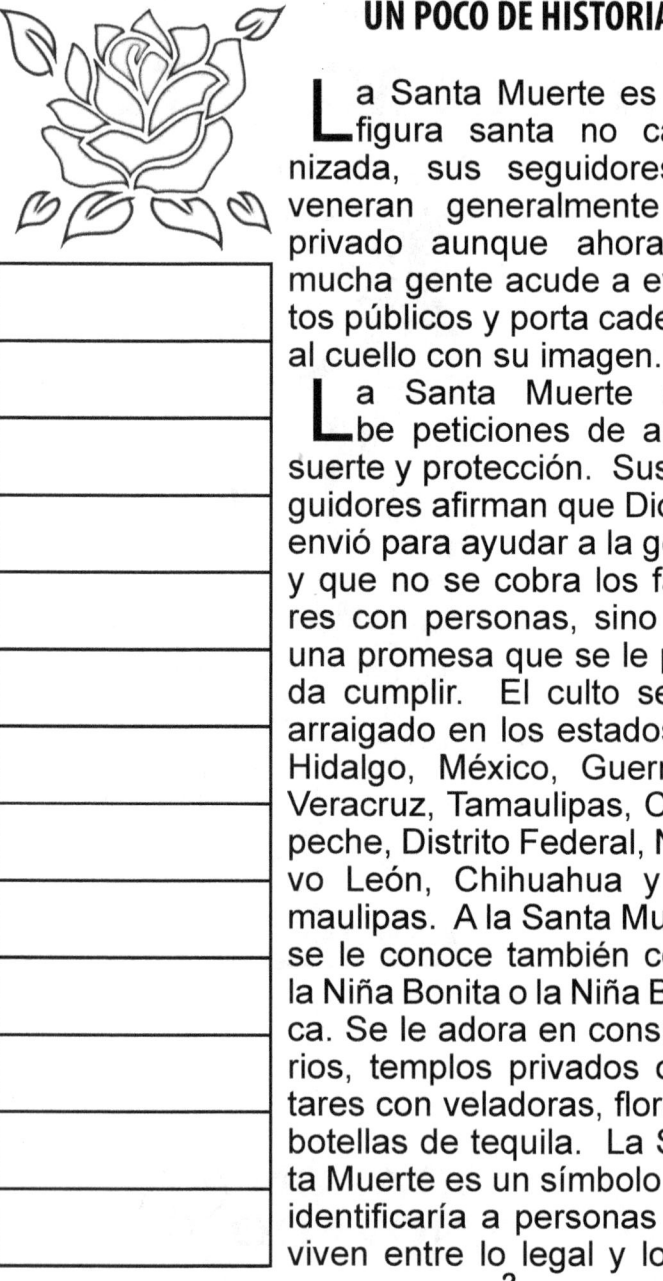

UN POCO DE HISTORIA

La Santa Muerte es una figura santa no canonizada, sus seguidores la veneran generalmente en privado aunque ahora ya mucha gente acude a eventos públicos y porta cadenas al cuello con su imagen.

La Santa Muerte recibe peticiones de amor, suerte y protección. Sus seguidores afirman que Dios la envió para ayudar a la gente y que no se cobra los favores con personas, sino con una promesa que se le pueda cumplir. El culto se ha arraigado en los estados de Hidalgo, México, Guerrero, Veracruz, Tamaulipas, Campeche, Distrito Federal, Nuevo León, Chihuahua y Tamaulipas. A la Santa Muerte se le conoce también como la Niña Bonita o la Niña Blanca. Se le adora en consultorios, templos privados o altares con veladoras, flores o botellas de tequila. La Santa Muerte es un símbolo que identificaría a personas que viven entre lo legal y lo ilegal, pero también se le puede hallar en estratos altos de la sociedad. Se dice que si se quiere ocultar la imagen de ella, una rosa blanca puede suplirla. Se acostumbra hacerle un altar privado lleno de artículos simbólicos, lejos de los curiosos. Se consagra por medio de una persona especializada en el culto o siguiendo las instrucciones de los muchos libros que sobre ella se han escrito.

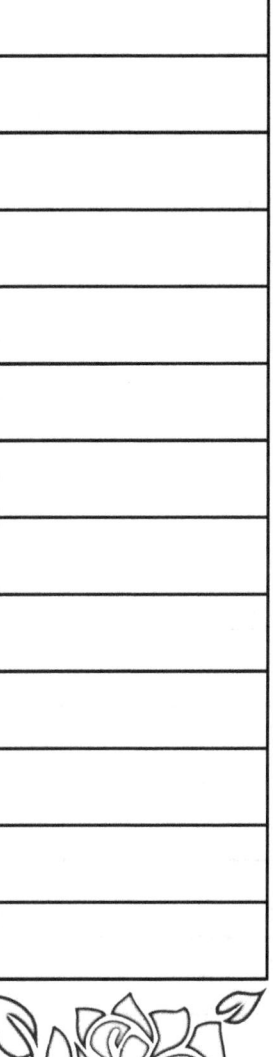

MILAGRO

En Nuevo Laredo, Tamaulipas, Mónica de veintiún años de edad, venía de una familia de chamanes de Veracruz, que rendían culto a la Santa Muerte. Enfermó de leucemia y se tenía que someter a un tratamiento de siete radiaciones, pero sólo fue a una. Junto con su hermano juraron a la Santa Muerte que si la salvaba se dedicarían de lleno a trabajar para ella y otros seres sin cobrar nada. Los médicos no supieron darle una explicación, porque la leucemia se controló y luego se remitió y esto no era posible con una sola radiación. Hace ya varios años de esto y ella continúa dedicada al culto.

ORACIÓN DIARIA

Santa Muerte Reverenciada por todos adorada, dame tu protección mi Niña amada. Utiliza tu gran poder para llenarme de amor. Esta novena yo te entrego con fervor. Santísima Señora Blanca sólo dame una mirada, para que mi alma sea por ti encontrada. ¡Oh! Misteriosa Señora acepta esta oración y concédeme el favor, sé que lo que se te pide con fe, es por ti cosa dada. Ven a mí Señora que en mi hogar tú eres invitada, con humildad te ofrezco una flor.

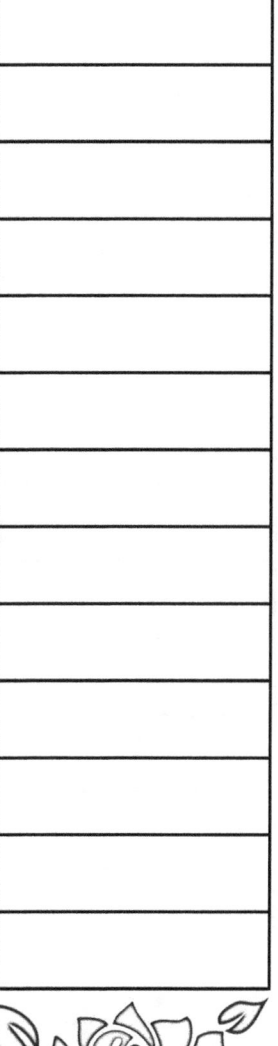

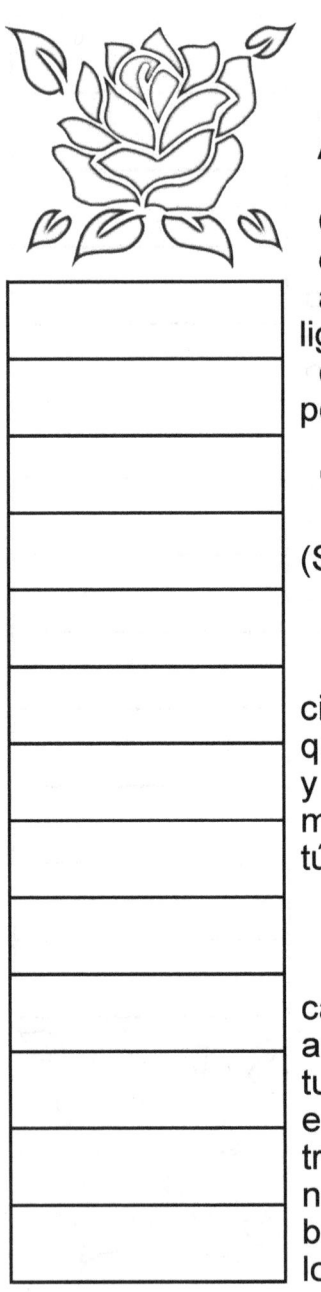

HAGA SU PETICIÓN

Aquí estoy hincado a tus pies.

Con la luz de tus quinqués que no tienen comparación alumbra a este humilde feligrés que viene a hacerte esta petición.

Te ruego con todo mi corazón me concedas... (Se hace la petición)

Esto es un asunto de interés te suplico tu atención me des. Concédeme lo que te pido en esta ocasión y con tu divina protección me ayudes, para que seas tú siempre mi salvación.

Padre Nuestro, que estás en el cielo, santificado sea tu nombre; venga a nosotros tu reino; hágase tu voluntad, en la tierra como en el cielo. Danos hoy nuestro pan de cada día; perdona nuestras ofensas, como también nosotros perdonamos a los que nos ofenden; no nos dejes caer en la tentación, y líbranos del mal. Amén.

Dios te salve, María, llena eres de gracia, el Señor es contigo. Bendita tú eres entre todas las mujeres, y bendito es el fruto de tu vientre: Jesús. Santa María, Madre de Dios, ruega por nosotros, pecadores, ahora y en la hora de nuestra muerte. Amén.

Gloria al Padre, al Hijo y al Espíritu Santo. Como era en el principio, ahora y siempre, por los siglos de los siglos. Amén.

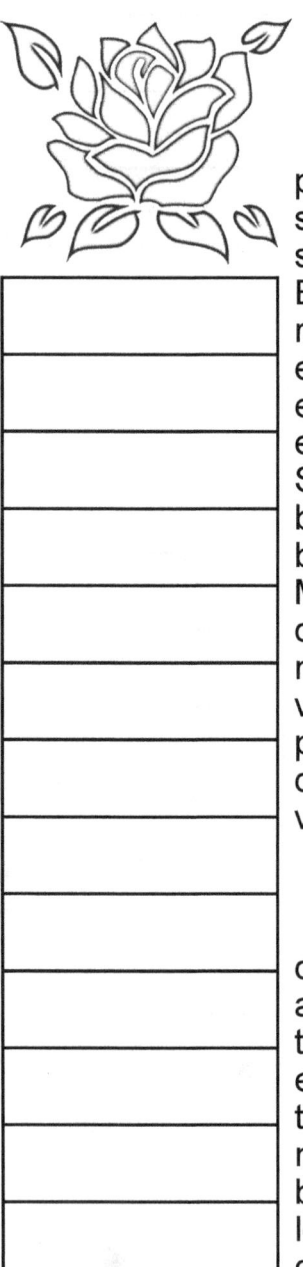

DÍA PRIMERO

Bendita Señora de lo insondable, dame tu protección para que la persona que se fue su regreso sea probable. Adorada Niña Blanca haz que dondequiera que se encuentre piense en mí con amor. Tu poder es grande Santa Muerte con el puedes aliviar mi dolor. Santísima Señora dame de beber de tu fuente inagotable y una solución favorable. Misteriosa Señora cúbreme con tu resplandor para que nunca me falte el calor. Divina Señora de blancura impecable, escucha el ruego de este mortal de corazón vulnerable.

Padre Nuestro, que estás en el cielo, santificado sea tu nombre; venga a nosotros tu reino; hágase tu voluntad, en la tierra como en el cielo. Danos hoy nuestro pan de cada día; perdona nuestras ofensas, como también nosotros perdonamos a los que nos ofenden; no nos dejes caer en la tentación, y

líbranos del mal. Amén.

Dios te salve, María, llena eres de gracia, el Señor es contigo. Bendita tú eres entre todas las mujeres, y bendito es el fruto de tu vientre: Jesús. Santa María, Madre de Dios, ruega por nosotros, pecadores, ahora y en la hora de nuestra muerte. Amén.

Gloria al Padre, al Hijo y al Espíritu Santo. Como era en el principio, ahora y siempre, por los siglos de los siglos. Amén.

DÍA SEGUNDO

Sagrada Diosa de la noche oscura, te dedico esta novena con amor y dulzura, para implorarte que los asuntos que a mí y la persona amada nos separaron se resuelvan con tu ayuda. Con tu maravilloso poder haz que mi alma no se sienta viuda. Haz que regrese a mí y cambie de postura. Con tu poder misterioso aleja de mi corazón la amargura. Te ruego con humildad Señora Blanca de osamenta desnuda y gran bondad, de tus grandes virtudes no tengo ninguna duda.

Padre Nuestro, que estás en el cielo, santificado sea tu nombre; venga a nosotros tu reino; hágase tu voluntad, en la tierra como en el cielo. Danos hoy nuestro pan de cada día; perdona nuestras ofensas, como también nosotros perdonamos a los que nos ofenden; no nos dejes caer en la tentación, y líbranos del mal. Amén.

Dios te salve, María, llena eres de gracia, el Señor es contigo. Bendita tú eres entre todas las mujeres, y bendito es el fruto de tu vientre: Jesús. Santa María, Madre de Dios, ruega por nosotros, pecadores, ahora y en la hora de nuestra muerte. Amén.

Gloria al Padre, al Hijo y al Espíritu Santo. Como era en el principio, ahora y siempre, por los siglos de los siglos. Amén.

DÍA TERCERO

Reverenciada Santa Muerte blanca como alcatraz en flor. Con esta novena que vengo a rezarte te pido me hagas un favor. Siembra en el corazón de quien se fue el anhelo de regresar conmigo, usa el poder de tu guadaña para que vuelva sin rogarle como mendigo. Adorada Niña blanca dame tu bendición para que esta vez sea mejor que la anterior, sé que tú puedes lograrlo porque tu alcance es superior. Permíteme mi Niña Santa permanecer siempre contigo, para que nunca me falte abrigo.

Padre Nuestro, que estás en el cielo, santificado sea tu nombre; venga a nosotros tu reino; hágase tu voluntad, en la tierra como en el cielo. Danos hoy nuestro pan de cada día; perdona nuestras ofensas, como también nosotros perdonamos a los que nos ofenden; no nos dejes caer en la tentación, y líbranos del mal. Amén.

Dios te salve, María, llena eres de gracia, el Señor es contigo. Bendita tú eres entre todas las mujeres, y bendito es el fruto de tu vientre: Jesús. Santa María, Madre de Dios, ruega por nosotros, pecadores, ahora y en la hora de nuestra muerte. Amén.

Gloria al Padre, al Hijo y al Espíritu Santo. Como era en el principio, ahora y siempre, por los siglos de los siglos. Amén.

DÍA CUARTO

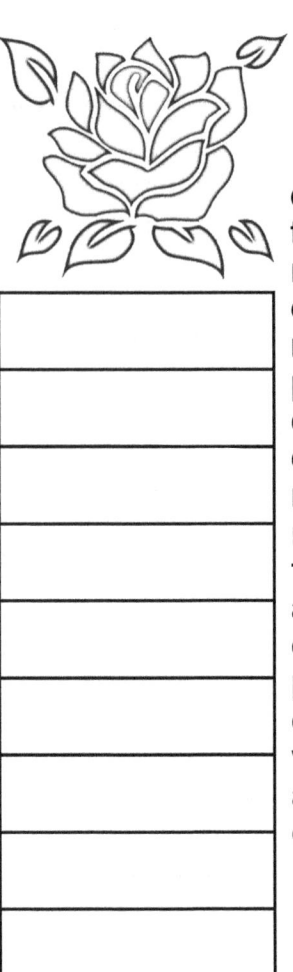

Sagrada Niña blanca tú puedes penetrar en todas las habitaciones, nada te impide llegar a todos los rincones. Santa Muerte escucha mi llamado, Señora mía siéntate a mi lado. Yo te pido con verdad que me ayudes para que sanen nuestros corazones y podamos llevar mejores relaciones. Reverenciada Señora no permitas que mi espíritu se sienta abandonado. Haz que toda esta angustia quede en el pasado. Divina Muerte de extrañas visiones, llena mi vida de ilusiones. Señora amada atiende esta petición de un ser enamorado.

Padre Nuestro, que estás en el cielo, santificado sea tu nombre; venga a nosotros tu reino; hágase tu voluntad, en la tierra como en el cielo. Danos hoy nuestro pan de cada día; perdona nuestras ofensas, como también nosotros perdonamos a los que nos ofenden; no nos dejes caer en la tentación, y

líbranos del mal. Amén.

Dios te salve, María, llena eres de gracia, el Señor es contigo. Bendita tú eres entre todas las mujeres, y bendito es el fruto de tu vientre: Jesús. Santa María, Madre de Dios, ruega por nosotros, pecadores, ahora y en la hora de nuestra muerte. Amén.

Gloria al Padre, al Hijo y al Espíritu Santo. Como era en el principio, ahora y siempre, por los siglos de los siglos. Amén.

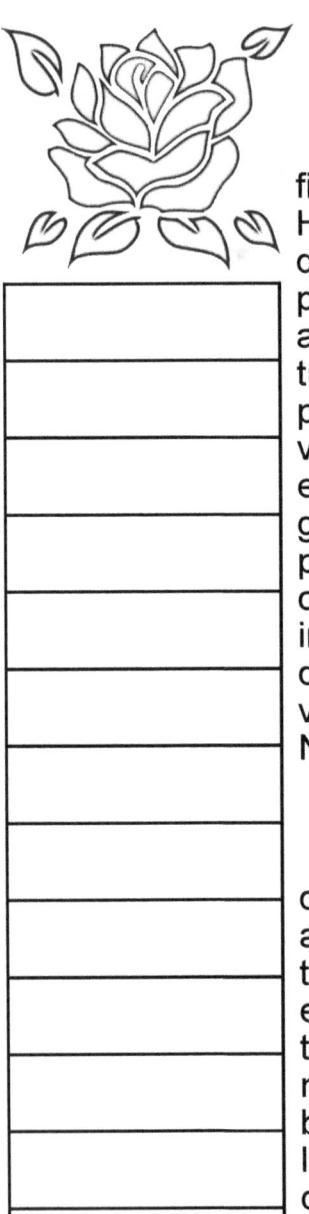

DÍA QUINTO

Santísima Señora de eterna sonrisa de marfil y rostro de blanco hueso. Hoy he venido a verte porque mi corazón se siente preso. Te rezo esta novena a ti que a todos ayudas con tu poder. Blanca Señora tú puedes hacer a quien se fue volver. Haz que busque y encuentre el camino de regreso, en mi corazón siempre habrá acceso. Reverenciada Muerte para ti no hay imposibles, solo tienes que querer y lo que desees eso viene a suceder. Idolatrada Niña mía blanca como la luz.

Padre Nuestro, que estás en el cielo, santificado sea tu nombre; venga a nosotros tu reino; hágase tu voluntad, en la tierra como en el cielo. Danos hoy nuestro pan de cada día; perdona nuestras ofensas, como también nosotros perdonamos a los que nos ofenden; no nos dejes caer en la tentación, y líbranos del mal. Amén.

Dios te salve, María, llena eres de gracia, el Señor es contigo. Bendita tú eres entre todas las mujeres, y bendito es el fruto de tu vientre: Jesús. Santa María, Madre de Dios, ruega por nosotros, pecadores, ahora y en la hora de nuestra muerte. Amén.

Gloria al Padre, al Hijo y al Espíritu Santo. Como era en el principio, ahora y siempre, por los siglos de los siglos. Amén.

DÍA SEXTO

Niña blanca tu candor me llena de embeleso. Tu bendición con toda mi alma aprecio. Te dedico esta novena para implorarte que la persona que se fue llegue y se sienta a gusto conmigo, permite Señora de la eternidad que pueda ser su amigo. Haz que esta relación vaya en progreso, que no caiga en el exceso. Santa Muerte quiero que de mi buen proceder tú seas testigo. Impide Señora de la oscuridad, para lograrlo, no intervenga el enemigo. Divina Muerte permite que a su corazón yo tenga acceso.

Padre Nuestro, que estás en el cielo, santificado sea tu nombre; venga a nosotros tu reino; hágase tu voluntad, en la tierra como en el cielo. Danos hoy nuestro pan de cada día; perdona nuestras ofensas, como también nosotros perdonamos a los que nos ofenden; no nos dejes caer en la tentación, y líbranos del mal. Amén.

Dios te salve, María, llena eres de gracia, el Señor es contigo. Bendita tú eres entre todas las mujeres, y bendito es el fruto de tu vientre: Jesús. Santa María, Madre de Dios, ruega por nosotros, pecadores, ahora y en la hora de nuestra muerte. Amén.

Gloria al Padre, al Hijo y al Espíritu Santo. Como era en el principio, ahora y siempre, por los siglos de los siglos. Amén.

DÍA SÉPTIMO

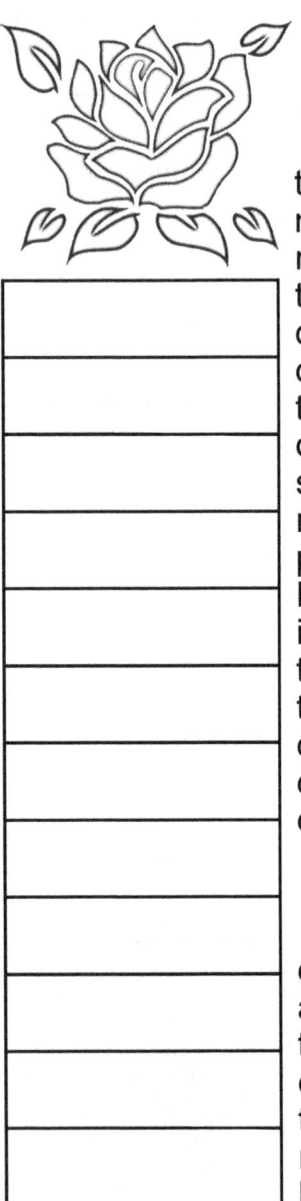

Idolatrada Santa Muerte el camino que tú indiques todos hemos de seguir, pero mientras aquí estemos tú nos ayudas a vivir. Te entrego esta novena con gran devoción, para rogarte me des tu atención. También te pido Blanca Señora que quién esté conmigo nunca se quiera ir. Haz que la buena energía entre nosotros pueda fluir. Sé tú mi Niña Blanca quien nos llene de imaginación, para que nuestro mundo esté seguro con tu protección. Reverenciada Señora de negro vestir, cuando te llame nunca dejes de acudir.

Padre Nuestro, que estás en el cielo, santificado sea tu nombre; venga a nosotros tu reino; hágase tu voluntad, en la tierra como en el cielo. Danos hoy nuestro pan de cada día; perdona nuestras ofensas, como también nosotros perdonamos a los que nos ofenden; no nos dejes caer en la tentación, y

líbranos del mal. Amén.

Dios te salve, María, llena eres de gracia, el Señor es contigo. Bendita tú eres entre todas las mujeres, y bendito es el fruto de tu vientre: Jesús. Santa María, Madre de Dios, ruega por nosotros, pecadores, ahora y en la hora de nuestra muerte. Amén.

Gloria al Padre, al Hijo y al Espíritu Santo. Como era en el principio, ahora y siempre, por los siglos de los siglos. Amén.

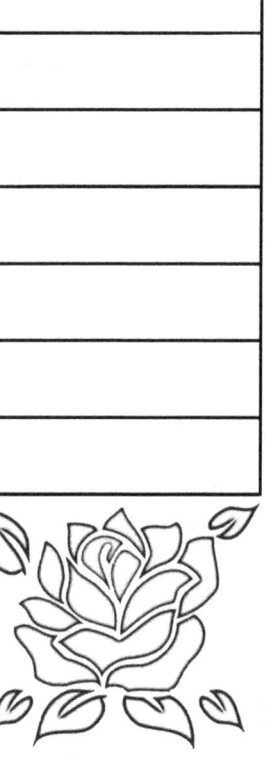

DÍA OCTAVO

Te ofrendo esta novena porque tú Santa Muerte eres la salvación. A todo lo que te pedimos le das solución. Te ruego que hagas que quién esté conmigo se esfuerce por hacerme feliz y de igual forma yo sepa corresponder y su amor pueda merecer. Gran Señora de las profundidades no permitas que las cosas se den por obligación, sino con verdadera convicción. Niña Blanca Reverenciada esta relación no dejes caer. Escucha mis ruegos buena Señora con atención, acepta esta flor que te vengo a ofrecer.

Padre Nuestro, que estás en el cielo, santificado sea tu nombre; venga a nosotros tu reino; hágase tu voluntad, en la tierra como en el cielo. Danos hoy nuestro pan de cada día; perdona nuestras ofensas, como también nosotros perdonamos a los que nos ofenden; no nos dejes caer en la tentación, y líbranos del mal. Amén.

Dios te salve, María, llena eres de gracia, el Señor es contigo. Bendita tú eres entre todas las mujeres, y bendito es el fruto de tu vientre: Jesús. Santa María, Madre de Dios, ruega por nosotros, pecadores, ahora y en la hora de nuestra muerte. Amén.

Gloria al Padre, al Hijo y al Espíritu Santo. Como era en el principio, ahora y siempre, por los siglos de los siglos. Amén.

DÍA NOVENO

Señora de blancura inconfundible, tu poder es invencible. Santa Muerte milagrosa, junto con esta novena te ofrezco una rosa, para que nos ayudes y con tu protección estemos unidos en un lazo indestructible, sabiendo que tu bendición es infalible. Banca Señora de presencia silenciosa, por tus grandes obras eres famosa. Sé que esto que te pido Niña mía lo harás posible. Misericordiosa Señora de mirada apacible, tu presencia se siente aunque sea invisible. Viajas de un lado a otro como oscura mariposa, ayudando a quién lo necesita Señora prodigiosa.

Padre Nuestro, que estás en el cielo, santificado sea tu nombre; venga a nosotros tu reino; hágase tu voluntad, en la tierra como en el cielo. Danos hoy nuestro pan de cada día; perdona nuestras ofensas, como también nosotros perdonamos a los que nos ofenden; no nos dejes caer en la tentación, y líbranos del mal. Amén.

Dios te salve, María, llena eres de gracia, el Señor es contigo. Bendita tú eres entre todas las mujeres, y bendito es el fruto de tu vientre: Jesús. Santa María, Madre de Dios, ruega por nosotros, pecadores, ahora y en la hora de nuestra muerte. Amén.

Gloria al Padre, al Hijo y al Espíritu Santo. Como era en el principio, ahora y siempre, por los siglos de los siglos. Amén.

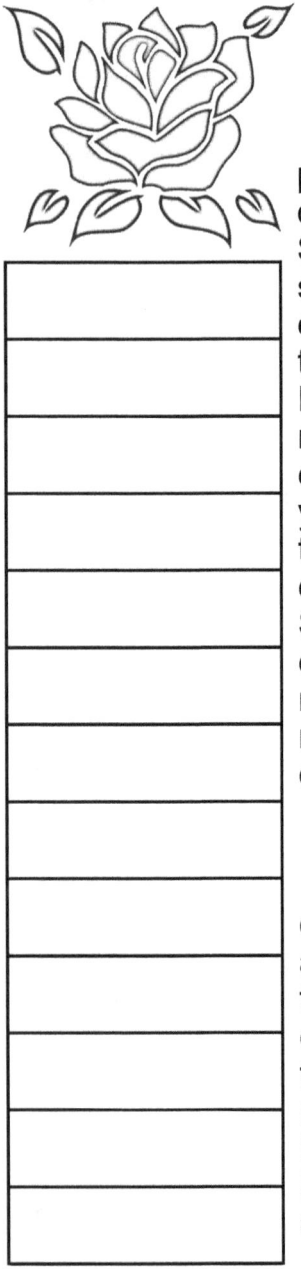

ORACIÓN FINAL

Divina Señora de los lugares eternos, dame tu protección en este momento de desesperación. Sólo tú Señora das a los problemas solución, por eso te dedico esta novena para suplicarte des a mi alma serenidad. Dale salud a mi cuerpo y mi espíritu llena de felicidad. Bendita Niña Blanca yo te rezo con devoción y a tu santuario asisto con verdadera convicción. Líbrame Santa Muerte de cualquier contrariedad y mantén mi mente con claridad. Señora mía estoy aquí para que me des tu bendición.

Padre Nuestro, que estás en el cielo, santificado sea tu nombre; venga a nosotros tu reino; hágase tu voluntad, en la tierra como en el cielo. Danos hoy nuestro pan de cada día; perdona nuestras ofensas, como también nosotros perdonamos a los que nos ofenden; no nos dejes caer en la tentación, y

líbranos del mal. Amén.

Dios te salve, María, llena eres de gracia, el Señor es contigo. Bendita tú eres entre todas las mujeres, y bendito es el fruto de tu vientre: Jesús. Santa María, Madre de Dios, ruega por nosotros, pecadores, ahora y en la hora de nuestra muerte. Amén.

Gloria al Padre, al Hijo y al Espíritu Santo. Como era en el principio, ahora y siempre, por los siglos de los siglos. Amén.

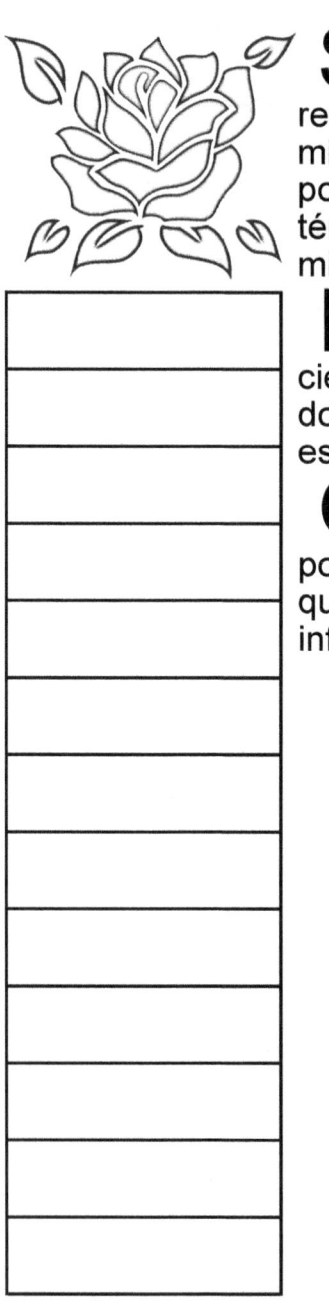

Santa Muerte de mi corazón, no me desampares de tu advocación. Cuida mis noches y mis días con el poder que Dios te dio y mantén mi camino libre de intromisión.

En ti he confiado siempre y así lo seguiré haciendo porque sé que desde donde tú estás siempre me estás viendo.

Gracias Niña Blanca por que frente a ti siempre pongo mi veneración y se que tú me correspondes con infinita protección. Amén.

www.ingramcontent.com/pod-product-compliance
Lightning Source LLC
Chambersburg PA
CBHW070634150426
42811CB00050B/298